30 Mars 1903

99 PN

VENTE

Des Lundi 30 et Mardi 31 Mars 1903

HOTEL DROUOT, SALLE N° 6

à deux heures

OBJETS D'ART

ET

D'AMEUBLEMENT

GRAVURES — TABLEAUX

APPARTENANT A M. LE COMTE DE L... S...

Limburg-Stirum ?

Annoté d'après l'ex. de Danlos

COMMISSAIRE-PRISEUR

Me PAUL CHEVALLIER

EXPERTS

M. A. DANLOS | M. J. FÉRAL | MM. MANNHEIM

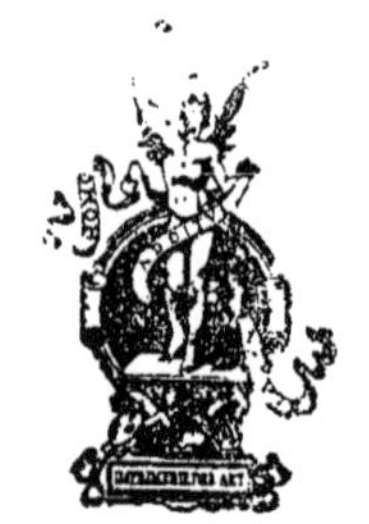

CATALOGUE

DES

OBJETS D'ART

ET D'AMEUBLEMENT

DES XVIIe ET XVIIIe SIÈCLES

ANCIENNES FAIENCES DE DELFT

ANCIENNES PORCELAINES DE LA CHINE ET DU JAPON

Argenterie — Bois sculptés

BRONZES, PENDULES

SIÈGES ET MEUBLES

GRAVURES ANGLAISES

TABLEAUX ANCIENS

Appartenant à M. le comte de L... S...

Provenant du château de Ryksdorp (Hollande)

ET DONT LA VENTE AURA LIEU, A PARIS

HOTEL DROUOT, SALLE N° 6

Les Lundi 30 et Mardi 31 Mars 1903

à deux heures

COMMISSAIRE-PRISEUR

Mᵉ PAUL CHEVALLIER, 10, rue de la Grange-Batelière

EXPERTS

Pour les Gravures :	*Pour les Tableaux :*	*Pour les Objets d'art :*
M. A. DANLOS	**M. JULES FÉRAL**	**MM. MANNHEIM**
15, quai Voltaire	54, faubg Montmartre	7, rue Saint-Georges

EXPOSITION PUBLIQUE

Le Dimanche 29 Mars 1903, de 1 h. 1/2 à 5 h. 1/2

CONDITIONS DE LA VENTE

La vente sera faite au comptant.

Les acquéreurs payeront *dix pour cent* en sus des prix d'adjudication.

L'exposition mettant le public à même de se rendre compte de l'état et de la nature des objets, il ne sera admis aucune réclamation une fois l'adjudication prononcée.

N. B. — Une exposition des gravures aura lieu chez M. Danlos, 15, quai Voltaire, du lundi 23 au jeudi 26 mars.

Paris.— Imp. de l'Art, E. Moreau et Cie, 41, rue de la Victoire.

DÉSIGNATION

GRAVURES ET DESSINS
ENCADRÉS

BIGG (D'après F.-R.)

1 — *The Plundering vagrants.* 605 D.

Gravé, à la manière noire, par W. Barnard. pour Kane
Très belle épreuve imprimée en couleurs.

2 — *Black Monday or the departure for school.* 1660 D.

Gravé, à la manière noire, par J. Jones.
Très belle épreuve imprimée en couleurs. pour R.

CIPRIANI (D'après J.-G.)

3 — *Psyche going to dress. — Psyche going to Bathe.* 255 D.

Deux pièces, faisant pendants, gravées par Bartolozzi. pour H.
Très belles épreuves imprimées en bistre.

ÉCOLE ESPAGNOLE (XVIIIe siècle)

4 — *Vista, de una parte del puerto Mahon. Iomadada su fondo dia XIX de Juno de MDCCLXXXV.*

Important et curieux dessin à l'aquarelle.

KAUFFMAN (D'après A.)

5 — *The Shepherdess of the Alps.*

Gravé, par Bartolozzi.
Très belle épreuve imprimée en bistre.

IBBETON (D'après)

6 — *Sailors carousing.*

Gravé à la manière noire, par W. Ward.
Belle épreuve.

MORLAND (D'après G.)

7 — *Children playing at soldiers. — Juvenile Navigators.*

Deux pièces faisant pendants gravées, à la manière noire, par Keating et Ward.
Très belles épreuves imprimées en couleurs.

8 — *Children bird nesting. — Blind man buff.*

Deux pièces faisant pendants gravées, à la manière noire, par Keating et Ward.
Très belles épreuves imprimées en couleurs.

MORLAND (D'après G.)

9 — *The first of september : Morning.* — *The first of september : Evening.*

Deux pièces faisant pendants gravées, à la manière noire, par W. Ward.

Très belles épreuves imprimées en couleurs.

10 — *Girl and Calves.* — *Girl and Pigs.*

Deux pièces faisant pendants gravées, à la manière noire, par Ward.

Très belles épreuves.

11 — *Slane trade.* — *African hospitality.*

Deux pièces faisant pendants gravées, à la manière noire, par J.-A. Smith.

Très belles épreuves.

REYNOLDS (D'après sir JOSHUA)

12 — *Simplicity* (Portrait de Miss Gwatkin, nièce de Reynolds).

Gravé par Bartolozzi.

Très belle épreuve.

RUSSEL GRAYON (D'après)

13 — *Portrait d'une Dame tenant son enfant dans ses bras.*

Médaillon ovale, gravé par W. Tomkins.

Très belle épreuve.

SMITH (J.-R.)

14 — *Albina.* — *Eloisa.*

Deux pièces, gravées à la manière noire, faisant pendants.

Très belles épreuves.

WARD (J.)

15 — *Hay Makers.*

Gravé, à la manière noire, par Ward.

Très belle épreuve imprimée en couleurs.

WITTE (De)

16 — *Étude d'une tête d'Ange.*

Joli dessin aux crayons de couleurs.

17 — Il sera vendu, sous ce numéro, un grand nombre de gravures encadrées des écoles anglaise et française, épreuves en noir et en couleurs et quelques dessins.

TABLEAUX ANCIENS

DES ÉCOLES FLAMANDE ET HOLLANDAISE

BOLOMEY

18 — *Portrait de Femme en robe de soie bleu et bonnet blanc.*

19 — *Portrait d'un Maréchal.*

Le second signé et daté 1780.

CUYP (Attribué à G.)

20 — *Paysans, Chiens et Gibier.*

Signé à gauche.

MAAS (Attribué à NICOLAS)

21 — *Portrait de Femme en corsage vert.*

REYERS

22 — *La Justice.*

Allégorie en grisaille.
Signée et datée 1762.

RUBENS (D'après)

23 — *Portrait d'Hélène Fourment.*

TROST (Cornelis)

24 — *Portrait d'un Gentilhomme assis dans un parc.*

VOS (Cornelis de)

25 — *Portrait d'Homme, en collerette plissée.*

VAN DYCK (Genre de)

26 — *Le Christ en croix.*
Peinture sur métal.

WIT (Attribué à Jacques de)

27 — *Allégorie de la Paix.*
Toile décorative.

ÉCOLE HOLLANDAISE
(deux pendants)

28 — *Portraits d'Homme et de Femme.*

ÉCOLE HOLLANDAISE

29 — *Villageois au repos.*

ÉCOLE HOLLANDAISE

30 — *Portrait d'Homme tenant ses gants.*

ÉCOLE HOLLANDAISE

31 — *Chiens.*

ANCIENNES FAIENCES
DE DELFT

32 — Trois petits plats, deux ornés de poissons; l'autre, à fleurs. Décor bleu. Ancienne faïence de Delft.

33 — Plateau à fraises, décor bleu. Ancienne faïence de Delft.

34 — Deux plateaux à fraises, décor bleu. Ancienne faïence de Delft, marque à la hache.

35 — Pot lobé, décor bleu ; style chinois. Ancienne faïence de Delft.

36 — Vase de nuit, décor bleu. Ancienne faïence de Delft.

37 — Gourde à pans, décor bleu. Ancienne faïence de Delft.

38 — Plaque formée de carreaux en ancienne faïence de Delft; décor à sujet galant, en camaïeu violet rehaussé de bleu.

39 — Plaque formée de carreaux en ancienne faïence de Delft, décor en camaïeu manganèse : le marché de Wassenaar.

40 — Pot avec couvercle et deux bouteilles, décor bleu de style chinois sur fond orangé. Marque de *Ghisbrecht Kruyk*, en 1645. Ancienne faïence de Delft.

41 — Trois potiches à pans, décor bleu : fleurs et rochers. Ancienne faïence de Delft.

42 — Trois potiches et deux cornets, décor bleu : fleurs. Ancienne faïence de Delft.

43 — Trois petites potiches et deux cornets, décor bleu : personnages. Marque à la hache. Ancienne faïence de Delft.

44 — Trois potiches et deux cornets avec couvercles, décor bleu : personnages. Marque au *Blompot*. Ancienne faïence de Delft.

45 — Beurrier en forme de bouquet de fraises. Ancienne faïence de Delft.

46 — Beurrier ovale avec couvercle et plateau, décor bleu. Ancienne faïence de Delft.

47 — Beurrier rond avec couvercle : personnage au bain. Ancienne faïence de Delft.

48 — Jacqueline en forme d'homme assis. Ancienne faïence de Delft. Transformée en fontaine.

49 — Fontaine en forme de personnage sur un tonnelet. Ancienne faïence de Delft.

50 — Deux plats, grappes de raisin. Ancienne faïence de Delft.

51 — Beurrier en forme de grappe de raisin. Ancienne faïence de Delft.

52 — Beurrier en forme de pomme. Ancienne faïence de Delft.

53 — Vase avec couvercle, fleurs en vert. Ancienne faïence de Delft.

54 — Bouc. Ancienne faïence de Delft.

55 — Petit oiseau. Ancienne faïence de Delft.

56 — Vache debout, décor en bleu. Ancienne faïence de Delft.

57 — Petit bateau avec personnages. Ancienne faïence de Delft.

58 — Petit berceau. Ancienne faïence de Delft.

59 — Lion assis. Ancienne faïence de Delft.

60 — Chèvre couchée. Ancienne faïence de Delft.

61 — Statuette de l'Hiver. Ancienne faïence de Delft.

62 — Enfant sur une chaise. Ancienne faïence de Delft.

63 — Figurine de personnage tenant une coupe, assis sur un motif à trois pieds. Ancienne faïence de Delft.

64 — Statuette de femme assise ; corsage rose. Ancienne faïence de Delft.

65 — Salière double, ornée d'un personnage assis. Ancienne faïence de Delft.

66 — Salière ornée d'une statuette de femme. Ancienne faïence de Delft.

67 — Deux chiens assis, décor bleu. Ancienne faïence de Delft.

68 — Deux chats assis, décor manganèse. Ancienne faïence de Delft.

69 — Deux dogues assis. Ancienne faïence de Delft.

70 — Deux souliers, décor bleu. Ancienne faïence de Delft.

71 — Tirelire, décor bleu. Ancienne faïence de Delft.

72 — Trois bassins variés, décor bleu. Ancienne faïence de Delft.

73 — Deux tirelires, forme porcs. Ancienne faïence de Delft.

74 — Chien tacheté assis. Ancienne faïence de Delft.

75 — Tirelire, décor bleu ; paysage. Ancienne faïence de Delft.

76 — Figurine de personnage assis sur pied carré. Décor bleu. Ancienne faïence de Delft.

77 — Six petits animaux variés. Ancienne faïence de Delft.

78 — Deux chiens assis, décor bleu, colliers jaunes. Ancienne faïence de Delft.

79 — Petit buste d'homme. Ancienne faïence de Delft.

80 — Petite corbeille émaillée jaune. Ancienne faïence de Delft.

81 — Plusieurs plats en bleu et couleurs. Ancienne faïence de Delft.

FAIENCES VARIÉES

82 — Trois boîtes variées, forme canards, faïences diverses.

83 — Deux grands vases à figures en relief, terre vernissée brun. Italie. XVIIe siècle. L'un d'eux aux armes des Visconti.

84 — Cassolette avec couvercle orné d'une figurine de femme nue. Ancienne faïence de Lorraine.

85 — Boîte à épices avec couvercle : oiseaux. Ancienne faïence de Lorraine.

86 — Légumier forme chou. Bruxelles.

87 — Deux cache-pots, décor bleu. Faïence du Luxembourg.

88 — Vase : médaillon sur fond marbré. Ancienne céramique anglaise de Wedgwood.

89 — Vase à sujet mythologique, anses têtes de lionnes. Ancienne céramique anglaise.

90 — Deux statuettes grotesques en céramique anglaise.

91 — Paire de vases en ancienne céramique anglaise de Wedgwood, émaillée noir; anses guirlandes et bustes émaillés blanc.

92 — Porte-fleurs en ancienne céramique anglaise de Wedgwood, fond bleu.

93 — Deux vases, décor bleu : animaux, en faïence espagnole.

94 — Pot-attrape, forme tonnelet. Faïence espagnole.

95 — Aiguière, formée d'une statuette de femme, en ancienne faïence espagnole.

96 — Autre, même faïence.

97 — Chiens et taureau en céramique blanche espagnole.

98 — Hanap à reflets métalliques. Manissès.

99 — Bouteille à pois bleus. Faïence espagnole.

100 — Légumier avec couvercle, mascarons et guirlandes. Talavera.

101 — Deux statuettes de danseuse et danseur. Alcora.

102-103 — Lot de poteries, lampes et plats; époque romaine. Venant de Tébessa.

PORCELAINES DE LA CHINE

ET DU JAPON

104 — Deux cornets en ancienne porcelaine de Chine, à décor de compartiments à fleurs et ustensiles en bleu.

105 — Deux carafes de Kalians, décor bleu. Ancienne porcelaine de Chine.

106 — Deux petites potiches avec couvercles, feuillages en bleu. Ancienne porcelaine de Chine.

107 — Quatre flambeaux, décor bleu. Ancienne porcelaine de Chine.

108 — Théière, décor bleu, fleurs. Ancienne porlaine de Chine.

109 — Six gourdes à double renflement. Décor bleu. Ancienne porcelaine de Chine.

110 — Aiguière, décor bleu, personnages. Ancienne porcelaine de Chine.

111 — Deux aiguières, fleurs en bleu. Ancienne porcelaine de Chine.

112 — Grosse potiche, fleurs et lambrequins en bleu, avec un couvercle. Ancienne porcelaine de Chine.

113 — Lot de petits flacons variés. Ancienne porcelaine de Chine.

114 — Plat en ancienne porcelaine de Chine, famille verte, aux armes de la province de Limbourg.

115 — Deux compotiers-coquilles en ancienne porcelaine de Chine, famille verte.

116 — Cinq tasses, fleurs, fond marron, avec soucoupes d'un autre décor. Ancienne porcelaine de Chine, famille verte.

117 — Douze tasses avec soucoupes, décor de monogrammes et amours en camaïeu rose. Ancienne porcelaine de Chine.

118 — Dix tasses et onze soucoupes, fleurs. Ancienne porcelaine de Chine, famille verte.

119 — Six autres, fond marron. Ancienne porcelaine de Chine.

120 — Cinq tasses avec cinq soucoupes, décor bleu, à petits compartiments. Ancienne porcelaine de Chine.

121 — Quatre tasses et quatre soucoupes, décor de style européen. Ancienne porcelaine de Chine.

122 à 125 — Lot de tasses et soucoupes en ancienne porcelaine de Chine. Décors variés en bleu. (Seront divisées.)

126 — Huit assiettes en ancienne porcelaine de Chine, décorées en Hollande : personnages et légendes.

127 — Vase de nuit. Ancienne porcelaine du Japon.

128 — Bourdaloue avec couvercle. Ancienne porcelaine du Japon.

129 — Deux petits plats à décor en bleu, rouge et or, fleurs. Ancienne porcelaine du Japon.

130 — Plat à barbe. Ancienne porcelaine du Japon.

131 — Bouteille à décor de branchages en bleu, rouge et or. Ancienne porcelaine du Japon.

132 — Deux statuettes de femmes en ancienne porcelaine du Japon.

133 — Fontaine en ancienne porcelaine du Japon.

134 — Lot d'assiettes, petits plats, soucoupes, compotiers, pour service à dessert à décor bleu, rouge et or, en ancienne porcelaine du Japon.

135 — Lot de bols ; Chine et Japon.

136 — Service en ancienne porcelaine de la Compagnie des Indes ; décor bleu à paysages. Environ cent quarante-huit pièces.

137 — Petit service à thé et à café, décor de personnages. Ancienne porcelaine de la Compagnie des Indes.

138 — Quatre potiches en ancien grès brun de la Chine, à décor de dragons dans des réserves.

PORCELAINES VARIÉES

139 — Petit groupe en ancien biscuit : sujet familial.

140 — Groupe en ancien biscuit : Apollon et Minerve.

141 — Figurine d'amour en ancien biscuit.

142 — Quatre statuettes allégoriques. Biscuit.

143 — Groupe en biscuit : l'Oiseau mort : Lorraine. Marqué J. G.

144 — Boîte, forme panier, décor de fleurs, ancienne porcelaine tendre française. Monture en argent.

145 — Boîte, forme dromadaire, en ancienne porcelaine tendre française.

146 — Boîte, forme chèvre, ancienne porcelaine tendre française. Monture argent.

147 — Théière, pot à lait, sucrier, deux tasses et deux soucoupes, attributs et fleurs. Ancienne porcelaine de Bordeaux.

148 — Service à décor de fleurs en bleu : plats, assiettes, saucières, soupière, compotiers, pots à crème, légumiers, etc. Décors légèrement variés. Ancienne porcelaine de Tournai et Worcester. Environ cent quatre-vingt-dix pièces.

149 — Légumier rond avec couvercle, décor de fleurs. Ancienne porcelaine de Saxe.

150 — Deux corbeilles ovales gaufrées. Ancienne porcelaine de Saxe.

151 — Deux flacons en ancienne porcelaine blanche de Saxe.

152 — Deux coupes à décor de fleurs. Ancienne porcelaine de Louisbourg.

153 — Figurine : enfant avec chien. Ancienne porcelaine blanche de Louisbourg.

154 — Tabatière à deux tabacs, décor de myosotis. Ancienne porcelaine d'Allemagne. Monture argent.

155 — Deux vases avec couvercles : paysages. Ancienne porcelaine d'Allemagne.

156 — Pot à eau, à décor de bleuets. Ancienne porcelaine d'Amstel.

157 — Deux figurines en porcelaine blanche de Capo-di-Monte.

158 — Figurine de vielleuse. Ancienne porcelaine de Zurich.

159 — Flacon à thé : sujet chinois. Porcelaine.

160 — Cruche en grès gris et bleu : personnages. Rœren.

ARGENTERIE

161 — Trente-six couteaux, manches argent ; armoiries de marquis. Ancien travail hollandais.

162 — Vingt-quatre autres à dessert. Même travail.

163 — Louche et cuillère à sauce en argent. Ancien travail hollandais. L'une d'elle armoriée.

164 — Six petites cuillères, manches à figurines ; argent. Ancien travail hollandais.

165 — Petite théière en argent uni ; armoiries ducales. Ancien travail hollandais.

166 — Trousse en peau contenant un fusil à aiguiser. Argent gravé. Ancien travail hollandais.

167 — Coupe en filigrane d'argent. Ancien travail hollandais.

168 — Petite coupe en argent à motifs de rocailles. Ancien travail d'Amsterdam.

169 — Deux petites coupes variées en argent. Ancien travail hollandais.

170 — Deux boîtes de toilette variées en argent. Ancien travail hollandais.

171 — Deux autres plus grandes. Argent.

172 — Grand gobelet, gravé, en argent, avec dédicace à l'amiral Tromp. Ancien travail hollandais.

173 — Deux petites corbeilles en argent ajouré et à anses. Ancien travail hollandais.

174 — Quatre cuillères en argent, manches à figurines. Ancien travail hollandais.

175 — Deux autres.

176 — Deux candélabres à trois lumières en argent, à branches de chêne. Ancien travail hollandais.

177 — Deux grands confituriers en argent, avec couvercles : têtes de béliers. Fin du XVIIIe siècle.

178 — Corbeille en argent. Travail d'Amsterdam. XVIIIe siècle.

179 — Corbeille en argent, même travail.

180 — Ecritoire en argent. Ancien travail hollandais.

181 — Petite corbeille en argent ajouré. Ancien travail anglais.

182 — Cafetière en argent ; pied à griffes. Ancien travail hollandais.

183 — Plateau oblong en argent.

184 — Théière en argent, à motifs de rocailles. Ancien travail d'Amsterdam.

185 — Service à découper, composé de deux pièces ; manches argent. Travail hollandais.

186 — Grand plateau ovale en argent. Travail hollandais. Fin du XVIIIe siècle.

187 — Grande coupe de surtout en argent, de travail allemand.

188 — Lot de jouets en argent. Ancien travail hollandais.

OBJETS DIVERS

189 — Boîte en nacre, décorée de fleurs dorées et peintes. XVIIIe siècle.

190 — Boîte en nacre dorée : amours. XVIIIe siècle.

191 — Statuette en terre cuite : personnage occupé à forger. Signée : *Xavery, 1673.*

192 — Buste, petite nature, de jeune femme, en albâtre.

193 — Vase avec couvercle, à décor de guirlandes. Albâtre.

194 — Deux petits canons en bronze, avec affûts. XVIIIe siècle.

195 — Deux hanaps variés en étain.

196 — Quatre flambeaux Empire en plomb, en forme de statuettes.

197 — Quatre flambeaux-colonnettes en plomb peint.

198 — Buste, grandeur nature, en plomb : Flore. XVIIIe siècle.

199 — Statuette en plomb : l'Abondance. XVIIe siècle.

200 — Petit buste en plomb de guerrier de style antique. XVIIIe siècle.

201 — Petit lustre en fer.

202 — Coffret en fer, animaux chimériques, en ronde-bosse.

203 — Boîte-applique à coulisse, bois sculpté. Hollande. XVIIIe siècle.

204 — Petit modèle d'armoire en chêne, ouvrant à quatre portes dont deux vitrées.

205 — Petit coffre en bois de couleur et bois noir; plaque de serrure en cuivre. XVIIIe siècle.

206 — Deux coffrets en bois sculpté à fleurs. Ancien travail anglais.

207 — Malle en bois et fer du XVIIe siècle.

208 — Coupe lobée en verre bleu, avec frise à feuillages en dorure. Venise.

209 — Petit cor de chasse en verre blanc avec filets bleus en relief. Venise.

210 à 212 — Lot de verres de Venise et de Bohême.

213 — Service de verres, flacons, coupes à compotes, sucriers, etc., en ancien cristal. Avec pièce de surtout en métal pour douze personnes.

214 — Plusieurs fragments en pierre provenant de Melata, près de Ouargla.

BOIS SCULPTÉS

215 — Statuette équestre applique en bois sculpté : guerrier en costume de l'époque Renaissance.

216 — Groupe-applique en bois sculpté : Sainte Anne, la Vierge et l'Enfant Jésus. XVIe siècle.

217 — Groupe en bois sculpté : la Charité. XVIIe siècle.

218 — Statuette de sainte femme en bois sculpté. XVIIe siècle.

219 — Deux hauts-reliefs en bois sculpté, peint et doré : Anges. Espagne. XVIIe siècle.

220 — Groupe-applique : la Vierge portant l'Enfant Jésus. Bois peint. Travail espagnol. XVIIe siècle.

221 — Groupe-applique en bois peint : la Vierge assise tenant l'Enfant Jésus. Travail espagnol. XVIe siècle.

222 — Deux bas-reliefs en bois sculpté à figures de saints. Travail espagnol. XVIIe siècle.

223 — Niche en bois fermant à deux vantaux, décorés de quatre peintures et renfermant un groupe : la Vierge et l'Enfant Jésus en bois sculpté, peint et doré. XVIIe siècle.

224 — Deux encadrements en bois ajouré et doré à quadrillés, feuilles et couronnes de marquis. Travail allemand. XVIIe siècle.

225 — Cartouche en bois peint et doré à rocailles. XVIIIe siècle.

226 — Fronton en bois peint et doré à figures d'amours. XVIIe siècle.

227 — Garniture de poupe de navire en bois peint et doré à personnages. Travail hollandais. XVIIIe siècle.

228 — Deux vases en ancien bois sculpté et peint noir, de forme contournée, à anses dragons.

229 — Ecusson en ancien bois sculpté, peint et doré : grosses feuilles et tête de chérubin.

230 — Double pyramide en bois sculpté, peint et doré.

231 — Deux simulacres de vases-appliques en bois peint blanc et doré.

232 — Statuette en bois sculpté et peint blanc de roi de France.

233 — Groupe en ancien bois sculpté et doré : combat.

BRONZES, PENDULES

234 — Deux statuettes en bronze patiné : Hercule portant le monde. Fin du XVIe siècle.

235 — Statuette en bronze patiné : Vénus debout. XVIIe siècle.

236 — Fontaine en bronze : enfant sur un dauphin. XVIIIe siècle.

237 — Lustre Empire en cuivre, modèle à palmettes et têtes d'animaux.

238 — Petit lustre en dinanderie. XVIIe siècle.

239 — Pendule laquée rouge et or. Ancien travail anglais.

240 — Pendule en ancien bois sculpté peint blanc et or, surmontée d'une statuette allégorique.

241 — Pendule-applique et son socle en bois peint marron et doré, avec vase à sa partie supérieure. XVIIIe siècle.

242 — Pendule à musique, en forme de vase à anses, en bois sculpté et peint blanc et or. Fin du XVIIIe siècle. Sur fût de colonne cannelée en bois peint blanc.

243 — Horloge à gaîne en racine, cadran de cuivre surmonté d'un sujet de marine en métal découpé et peint. Travail de Rotterdam. XVIIIe siècle.

244 — Horloge à gaîne ornée de colonnettes torses en bois. Faite à Kampen. XVIIIe siècle.

245 — Lanterne de vestibule à cinq faces en bronze, à décor de rocailles. XVIIIe siècle.

246 — Quatre torchères d'église en cuivre argenté à fleurs et figures de saints. XVIIIe siècle.

247 — Deux lanternes de navires en cuivre. XVIIIe siècle.

248 — Deux aiguières en marbre et bronze à frises d'amours.

249 — Tigre dévorant une antilope. Bronze de *Barye*.

MEUBLES, TAPIS

250 — Grand reliquaire de forme architecturale en bois doré à colonnettes torses. XVIIe siècle.

251 — Chaise en bois tourné, couverte en cuir gravé, et cloutée de cuivre. Espagne. XVIIe siècle.

252 — Cabinet espagnol en bois, intérieur sculpté à arcades et colonnettes ; support en bois sculpté. XVIIe siècle.

253 — Coffre en bois gravé au feu. XVIIe siècle.

254 — Deux consoles d'angle en bois peint blanc et or. XVIIe siècle.

255 — Armoire flamande en chêne et bois noir à décor de pilastres cannelés. XVIIe siècle.

256 — Armoire flamande en chêne à deux portes. XVIIe siècle.

257 — Armoire flamande en chêne à deux portes ornées d'arcades. XVIIe siècle.

258 — Meuble en bois peint, à personnages, avec porte intermédiaire vitrée. Travail hollandais. XVIIe siècle.

259 — Glace dans un encadrement de glace et bois. Travail espagnol.

260 — Commode à trois tiroirs en bois sculpté, garnie de cuivres. Époque Régence.

261 — Lit de repos en bois sculpté à fleurettes et rocailles, dossier couvert en damas rouge. XVIIIe siècle.

262 — Coffre en chêne sculpté : sujet macabre et date 1768. Travail hollandais. XVIIIe siècle.

263 — Armoire en bois peint vert-foncé ; porte

peinte à sujet biblique. Travail hollandais du XVIIIe siècle.

264 — Glace biseautée dans un cadre en bois sculpté et doré à rocailles. XVIIIe siècle.

265 — Fauteuil en bois sculpté et doré, à feuillages et coquilles, couvert en soie verte brochée. XVIIIe siècle.

266 — Trois supports, l'un en fer doré, les autres en bois doré. XVIIIe siècle.

267 — Fontaine-applique et bassin en bois sculpté et peint noir et or. XVIIIe siècle.

268 — Miroir dans un cadre en chêne sculpté à rocailles. XVIIIe siècle.

269 — Console en bois peint noir et or : volutes et gros godrons. XVIIIe siècle.

270 — Glace dans un cadre en bois doré à rocailles et quadrillés. XVIIIe siècle.

271 — Cinq petits miroirs, cadres en bois doré à fleurs et rocailles. XVIIIe siècle.

272 — Glace dans un cadre en bois ajouré et doré à rocailles. XVIIIe siècle.

273 — Petit support-applique en bois doré ; dessus de marbre. XVIIIe siècle.

274 — Table espagnole en bois sculpté ; piètement à traverses. XVIIIe siècle.

275 — Miroir dans un cadre en bois doré à grosses feuilles. Travail espagnol. XVIIIe siècle.

276 — Console en bois peint blanc et or sur deux pieds cannelés. XVIIIe siècle.

277 — Grande vitrine en bois sculpté, à corps inférieur à portes pleines. Travail hollandais. XVIIIe siècle.

278 — Canapé en bois sculpté à fleurs, couvert en soie brochée. Epoque Louis XV.

279 — Bureau scriban en bois garni de cuivre. Travail hollandais. XVIIIe siècle.

280 — Huit chaises en bois sculpté, couvertes en velours jaune d'Utrecht. XVIIIe siècle.

281 — Six chaises cannées en bois sculpté. XVIIIe siècle.

282 — Chaise en bois sculpté, dossier ajouré à guirlandes, siège en soie. Fin du XVIIIe siècle.

283 — Commode à trois tiroirs en bois sculpté, poignées de cuivre. XVIIIe siècle.

284 — Petite toilette avec miroir en bois sculpté sur base à pieds tors. XVIIIe siècle.

285 — Armoire en bois peint à fond vert, datée 1731.

286 — Buffet analogue.

287 — Grande glace dans un cadre en bois doré à rocailles. XVIIIe siècle.

288 — Grande armoire à trois portes en bois, de forme architecturale, avec pendule dans le fronton. Ancien travail anglais.

289 — Console d'angle en bois doré à guirlandes et vase. Dessus de marbre blanc. Epoque Louis XVI.

290 — Secrétaire droit à abattant, portes et tiroirs en racine et marqueterie. Fin du XVIIIe siècle.

291 — Glace rectangulaire dans un cadre en bois doré à rais de cœur ; fronton étoilé. Fin du XVIIIe siècle.

292 — Meuble à deux portes sur base à colonnettes torses, en palissandre. Fin du XVIIIe siècle.

293 — Commode demi-lune en racine, avec portes sur les côtés ; dessus de marbre gris. Fin du XVIIIe siècle.

294 — Petite glace rectangulaire dans un cadre en bois doré. Fronton à vase. Fin du XVIIIe siècle.

295 — Table à jouer de forme ronde en bois de placage, garnie de cuivre. Fin du XVIIIe siècle.

296 — Bureau à dos d'âne en racine ; base à arcatures. Fin du XVIIIe siècle.

297 — Console en bois de placage, casier à coulisse. Fin du XVIIIe siècle.

298 — Petite glace dans un cadre en bois doré, surmonté de trois vases. Fin du XVIIIe siècle.

299 — Glace étroite dans un cadre en bois doré, surmonté d'un vase à côtes torses. Travail hollandais. Fin du XVIIIe siècle.

300 — Glace dans un cadre à bois doré, surmonté d'un médaillon-buste. Travail hollandais. Fin du XVIIIe siècle.

301 — Petite glace biseautée dans un cadre en bois doré, surmonté de guirlandes de laurier. Travail hollandais. Fin du XVIIIe siècle.

302 — Console en bois peint noir et or, à décor de mufles de lions. Fin du XVIIIe siècle.

303 — Petit buffet à deux portes en acajou à décor de moulures. Fin du XVIIIe siècle.

304 — Bureau à cylindre avec tiroirs. Fin du XVIIIe siècle.

305 — Console surmontée d'une glace; pieds à bustes d'Egyptiennes. Dessus de marbre noir. Fin du XVIIIe siècle.

306 — Petite console-applique d'angle en bois doré. Fin du XVIIIe siècle.

307 — Petite glace dans un cadre en bois doré, surmonté d'un vase orné de serpents. Travail hollandais. Fin du XVIIIe siècle.

308 — Support-applique en bois peint blanc et or à grosses feuilles. Fin du XVIIIe siècle.

309 — Armoire en acajou à trois tiroirs dans le bas. Fin du XVIIIe siècle.

310 — Epinette à caisse en racine, garnie de cuivres. Epoque Empire.

311 — Canapé en bois garni de cuivres. Epoque Empire.

312 — Deux petits supports-guéridons en acajou.

313 — Autre à pieds balustres.

314 — Grand support-applique en bois doré à rocailles. Dessus de marbre.

315 — Table ovale en bois doré; dessus de marbre.

316 — Deux supports-appliques, forme vases. Bois doré.

317 — Deux paires de fûts de colonnes cannelées en bois peint blanc et or.

318 — Grand panneau en drap jaune brodé à fleurs de travail chinois.

319-320 — Plusieurs tapis d'Orient.

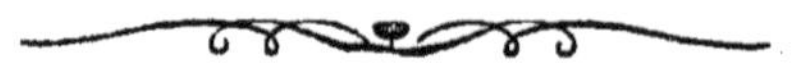

www.ingramcontent.com/pod-product-compliance
Ingram Content Group UK Ltd.
Pitfield, Milton Keynes, MK11 3LW, UK
UKHW020506180726
13839UKWH00004B/1941

9 782329 527772